Ein Teil dieser Gedichte erschien in den Lyrik Journalen The Hektoen International, The Potomac, The Edinburgh Literary Journal, The Mitre, sowie in Tageszeitungen und dem Buch Gegen das Vergessen und für die Zukunft (Pfeiffer Verlag 2022).

Die Autorin veröffentlichte Textbücher in deutscher und englischer Sprache, wie auvh Kinderbücher, sowie den Gedichtband Haikus and other Shorties. Ihr Jugendroman Pias Reise zu den Sternen entstand in Zusammenarbeit mit ihrer Enkelin Isabella) und erschien 2021 im Verlagshaus Schlosser.

E.Blaurock-Busch MSc PhD studierte u.a. Lyrik in Oxford und Edinburg

E. Blaurock-Busch

GESAMMELTES

LYRIK

EINER ZEITGENOSSIN

FÜR MEINE LIEBEN

INHALT

Gendern für *innen

Verzeiht mir, hochverehrte(r) Lektor*innen
das Gendern bleibt mir fremd,
Sternchensetzen
blockiert und hemmt!

Ist das Sinn und Zweck
ihr Sprachgenetiker*innen?
Wo bleibt bei dem gebremsten Schreibfluss
der pikante Sprachgenuss?

Geht es um Gleichheit,
Geschlechter-Sprachgerechtigkeit?
Zahlt gleichen Lohn!
Uns *innen reicht das schon.

Dichtung und Wahrheit

Ich fische Erinnerungen
Aus dunklen Kammern, vermoderten Kellern
Um sie festzukleben zwischen irgendwas

Fange Flüchtiges
Aus fernen Sphären
Um es anzuketten an mich und irgendwen

Und manchmal fällt ein Brocken Wahrheit
Auf den aufgeräumten Schreibtisch
Und macht mich wortlos

Wir schreiben,

dichten um gehört zu werden,
auf stillen Halden, da
wo der Wolf den satten Mond anheult.
Wir schreien mit Möwen über Meeren,
auf angesägtem Ast wird rezitiert,
hirnlos geplappert, teils doziert,
mal wird geschmunzelt, mal gebrummt,
manch einer kommt nicht auf den Punkt.

Wir fabulieren, diskutieren *ad absurdum*
fürs allerwerte Publikum.

Sie, rechts hinten in der Ecke, haben Recht:
die Hoffnung stirbt zuletzt.

Die Henne ist das klügste Geschöpf im Tierreich. Sie gackert erst, nachdem das Ei gelegt ist.

Abraham Lincoln

Oma gegen rechts!

Ich bin die Oma von nebenan
Die Oma gegen rechts
Alte Nazis waren lange schweigsam
Ganz ruhig war'n sie, fast schon zahm.
Jetzt recken sie sich, ist zum Kotzen
jammern, meckern, motzen.
„Messerstecher braucht hier keiner,
die kosten uns nur Geld," schreit Rainer.
Abdul hört sprachlos zu,
seit acht Jahren lebt er hier in Ruh
zahlt Steuern, hilft wo er nur kann,
hat Frau und Kinder, ist ein guter Mann.

Ich bin die Oma von nebenan
Die Oma gegen rechts
Mit Chuzpe sag ich's klipp und klar:
Es ist unglaublich aber wahr
Von der Shoa hab ich nichts gewusst!
Groß war Scham und Frust
als ich erfuhr, dass Opa NSDAPler war,
SS-ler noch dazu, sagt der Bericht.
Ich fasse es noch immer nicht.

Ich bin die Oma von nebenan
Die Oma gegen rechts
Für Gauland war das Dritte Reich ein Vogelschiss
Für ihn, und nur für ihn, ein schlechter Witz
Höcke hat Ausschwitz lächelnd ausgeschwitzt
Die Meute jubelt, der schlechte Gag, der sitzt
Heil Höcke wird gegrölt, Arm ausgestreckt,
Migranten haut ab oder verreckt

Ich bin die Oma von nebenan
Die Oma gegen rechts
Die Sarah würde ich gern zu Putin schicken,
dort lässt sie sich vom Zar dann …..
(keine Sorge, ich sprech das Wort nicht aus,
spart den Applaus)

Ich bin die Oma von nebenan
Die Oma gegen rechts,
ich wähle ganz bestimmt nicht braun
Nicht mal in meinem kühnsten Traum!
Auf Euer Wohl.
Auf Frieden in der Ukraine und im Nahost!

Prost!

Das Mandat

Dass er an sie glaubte,
erstaunte und beglückte sie.
Sie machte sich auch gleich ans Werk,
stürzte sich mit Freude
und voller Wucht
über das ihr Anvertraute.

Letztendlich war's ihm doch zu viel.
Du kannst mich besser machen,
hatte er gesagt.

Doch so viel besser
meinte er auch wieder nicht

Zwei Seelen

Zwei Seelen wohnen, ach in meiner Brust
Die Eine analysiert, programmiert
        die Andre sinnt und dichtet
Beide zieht es zum Schloss der kühnen Träume
Die Eine jongliert mit Daten, rechnet
        die Andre ringt mit Worten

Am Kreuzweg scheiden sich die Geister
Die Eine reist per Flug und Bahn
        die Andre *Perpetuum mobile*
zum Kap der guten Hoffnung
Die Eine diktiert Abschlussberichte
        die Andre rezitiert *Das Abendlied*

Ungeduldig gelangt die Eine früh zum Ziel
        die Andre hört Barockmusik
die Eine zückt genervt ihr iPhone
        die Andre lugt durchs Schlüsselloch
des fest versperrten Eingangstors
Die Eine ruft den Schlüsseldienst
        die Andre singt ‚Sesame öffne dich‘

Beide ersehnen was versperrt und warten
Derweil die Eine Konten überwacht
        die Andere Balladen schreibt
Eine tauscht Aktien mit Bitcoins
        die Andere (ver)wechselt Synonyme

Zwei Seelen beschweren (manchmal) meine

B
r
u
st
!

- *Welche kann ich entbehren, sagt's mir!*
- *Ist es die digitale Eine*
- *Oder die mit Heine?*
- *Sind's Siamesen, die nicht zu trennen sind?*
- *Seid ehrlich, lasst es verlauten*
-

(ich höre ohnehin nicht hin

tatsächlich mag ich beide)

Einfach anders

Hi, ich bin der Michel
Ich sing' in Deutsch oder Englisch, magst ein Lied?
Mahalia Jackson? (Singt *Amazing Grace*.)
4300 Religionen gibt's auf der Welt
und vierzig bis fünfzig Hindu Götter,
meist werden Vishnu, Shiva und Shakti verehrt.
Muslime sind monotheistisch, so wie Christen (singt
Stille Nacht)
Und Juden nennen Gott Jahwe –
klingt nach einer Frau

Ich war im Bauch meiner Mutter
als sie aus Kalifornien wegging.
Papa kam nicht mit.
Ein anderer Mann ist eingezogen,
der hat mich nicht gemocht.

Kennst Du Lakewood Homes?
Dort leb' ich jetzt (singt *We are one family*)
I breakdance, kannst du das? (tanzt)
Michael Jackson war der Größte!

Für mich ist Gott ganz ohne Religion,
nicht weiß oder schwarz, Mann oder Frau.
Gott ist mein Dirigent
Und ich spiel die erste Geige.

Mobbing

Das Wort kannte sie nicht
Den Akt nur zu gut

Rannte
versteckte sich
vermied die Meute
schrie nicht
weinte leise und schwieg
Verklagte nicht

Wie auch
Sie war die Fremde
und schwarz noch dazu

Corona Dragödie in Frangn

Mei, sogd Anna zu ihrm Schorsch,
den Willi hots derbleckt, hostas glesn?
I glab's schier net, der war doch gsund und forsch,
spordlich, freindle, des war a gwesn.
I hob'n wirgli gmächt, den guadn Mo.
Siebszg Johr is her, dou ham mer mol was ghobt,
es war nix ernsts, a Dechtlmechl, eimfach so.
Was soll is sogn, a yoar danoch war er verlobt
mit Gerda wastscho, die vom reichn Audohaus.
Bucklad woars, ka bissl schä, a goude Frau
An Buam hams kriegt, der war a Graus
hods Geld verbrassd, glebt wie a fedde Sau.
Die Gerda, glidden hods, des was i gwieß,
hod gholfen wos na gehd, vo hind bis vorn,
i sog, die zwa ham Kummer ghabt und nix wie
Gschiß.
Drodzdem, fasd Neunzge is der Willi worn,
Corona had nern etz derpackt, des is hald leider su.
God hab nern seelich und sei Gerda nu dazu.

Sprechen und Schwätzen

Ich liebe Sprachen,
die Melodie, den Klang der (kleinen) Worte
und was sie mit mir machen,
was ich höre und was nicht.

Gestern stand ich vor der Pforte
Allen Ginsbergs, lauschte
seinen Rauschgedichten,
dem Gesagten und dem Zwischendrin.

Ich inhaliere Sprachen, alle!
Auch die ich nicht versteh
und solche die ganz seltsam klingen,
die ohne *rrr, die, der* und *das.*

In mancher Sprache rezitier' ich gern,
selbstredend Dickinson.
Gesprächig bin ich nicht,
nur hie und da geschwätzig

Januar, Mittwochmorgen

Grau bin nicht nur ich.
Die dicke Nebelwand
Verhüllt, verdeckt das weiße Land,
Bekümmern tuts noch nicht

Der Arzberg ist dicht eingehüllt
Das Städtle grau drapiert
Der Frosch Finanzamt wegradiert
Ganz angenehm, das neue Bild

Corona hin und Covid her
Ich sitz' am Berg mit meinem Hund
Die Pandemie wird mir zu bunt.
Das Ganze ist nicht fair.

Die Nebeldecke hebt sich langsam,
Rührseligkeit setzt ein.
Ich tu mir leid, ich bin allein,
Nein, ich bin kein Schwan

Warum? Es ist ein guter Reim
der besser klingt als Schwein

Zeit

Gestern
Rannt' ich ihr ewig hinterher
Konnt' sie nicht fassen
Geschweige denn halten

Heute
Lässt sie mich nicht los
klebt
Tag und Nacht an mir-
diese ewig leere, sinnlos
dahinschleichende Zeit

Darwins Theorie

Kann irgendjemand mir verraten,
gilt Darwins Theorie für alle Arten?
Stammt Putins Machtanspruch, sein Mut
vom archaischen Primatengut?
Gilt des Herrschers Zorn der Western Brut,
den Nazis oder wieder mal den Juden,
oder falschen Angelruten?

Da fällt mir ein- hört die Geschichte
vom Roma Jurij, erzählt von irgendeiner Nichte.
Also, dieser Jurij kam von irgendwo
(bei Roma ist das meistens so 😉),
bohrte Löcher tief ins Erdenreich
und fand, ihr glaubt es kaum, sofort und gleich
in Öl-getränkte Dokumente,
die prophezeiten eine Zeitenwende.
Der brave Bürger Jurij, wirklich das ist wahr,
schenkte den Fund dem ungekrönten Zar-
Der heimste ein, ihr wisst es schon,
klebt triumphierend auf dem Thron.

Derweil, so ist das häufig noch,
reiste Jurij in Begleitung hoch
in den eiskalten, weißen Norden,
blieb, Dank-sei-dem-Herrn, nicht lange hinter
Eisenpforten.
Prigoschin mit seiner legendären Legion
befreite ihn aus der Region,
versorgte ihn mehr schlecht als recht
mit allem was man braucht zum Morden
an fremden, weit entfernten Orten.

Der Haken an der Geschicht'?
Putin stammt vom Affen niemals nicht

Puzzle Mensch

Viele Macher
haben die Teile gelegt, geprägt, gefügt

1. Großvater vorm Sonntagsbraten,
Rosen, Tulpen, Pferdchen zeichnend,
nur für mich

2. die Grundschullehrerin,
die schmunzelnd erste Zeilen las,
und ernst nahm

3. die ausgediente (Reichs)frauenführerin,
für die *ich-kann-nicht, mag-nicht*
niemals galt

4. die Buchhändlerin von nebenan
die Faust entstauben,
lesen und verstehen ließ

5. der Chemiker mit deutschen Wurzeln,
der *mir*- und nicht der Blonden-
beim Polymeren-Mischen half

6. die revolutionäre Jüdin,
Feministin, Poetin, Marxistin,
die Makronen servierte, Heine rezitierte

7. der Ehemann, erst treu, dann weniger,
der zum Selbstsein trieb,
Selbstrespekt erzwang

8.   das Kind, das Augen öffnete
Durchhalten erzwang
und auf Geduld bestand

9.   usw usf
            Euch allen
                    Tausend Dank

Wer ist die da?

Poet*in*, Analytiker*in*, beides geht.
Mutter, Tochter, Schwester, Pat*in*,
Ehefrau, Geschiedene, zweimal Witwe,
schreibt Kinder, Lehr-, Selbsthilfebücher,
war Gallerist*in* zwischendrin,
Laborinhaber*in* in Vollzeit,
seit Jahren quasi Rentner*in*,
das *,in'* ist überflüssig, meint sie
die älteste Student*in*
im Masterstudiengang der Literatur,
-englisch selbstverständlich-
Edinburgh, wohlgemerkt.
Diplom gibt es im Juni, hoffentlich.
Oxford besuchte sie gelegentlich
um Sonetten, Haiku, Reimen einzuüben
(wer braucht denn sowas, wurde sie gefragt).
Sie ist auch Oma, keine Sorge
und Nachbar*in* (man sieht sie selten ohne ihre
Hünd*in*),
auch Lesepat*in* der Grundschulklasse drei,
(schon wieder dieses *,in'*)
lehrt Toxikologie der Ärzteschaft,
hält Referate vielerorts,
(der große Bruder glaubt das alles nicht).

Nur selten hat sie Zeit-
so sagt sie jedenfalls.

Demenz & Co
Ein Dialog

Er (laut):
Greta, hörst Du nicht?
Du darfst nur alkoholfrei!
  Mein Gott, sie hört nicht.
  Sitzt in der Stille
  Schaut stundenlang ins Nichts
  erkennt mich kaum.
  Schlimm, diese Krankheit,
  Ich lass sie nicht allein!
Greta, hörst Du nicht?
*Du darfst **nur** alkoholfrei!*

Sie (stumm):
Nein, ich höre nicht,
ich hör schon lange weg,
entziehe mich,
doch er kapiert es nicht,
lässt mich auch nie allein.

Mein Blick ins Weite,
macht ihn hilflos.
Schön, diese Krankheit
mit höchst verkanntem Privileg
und einer weiten Tür zur Freiheit.

Noema 4

Mondsüchtig ist er nicht,
genießt auch **nichts** in lauen Nächten
nichts verhindert seine Gicht
und all die Schmerzen, die in knechten.

Der volle Mond lässt ihn nicht schlafen,
Herzprobleme tragen bei.
Zornig akzeptiert er die späten Strafen,
zu gern wär' er von allem frei.

Medikamente nimmt er genug:
Allopurinol, Blutverdünner, Betablocker.
Diätetisch verhält er sich mal wieder klug,
Bier reißt ihn nicht mehr vom Hocker.

So fragt er sich in späten Stunden
was ihm noch übrig bleibt vom Leben.
Missmutig sieht er den Mond die Welt umrunden
Venus ist im inzwischen scheißegal

Kortison lässt ihn am Dasein kleben

Krisensitzung des Ornithologie-Verbandes oder Vögel sind auch nicht besser

Erste Morgensitzung

"Meine lieben Kollegen, vielen Dank für euer Kommen. Die Krise, in der wir uns derzeit befinden, ist der Grund für diese Sondersitzung. Wie ihr wisst, hat sich das Virus H5N1 ausgebreitet. Grenzen werden dicht gemacht," meinte Prof. Weißstorch, um sogleich mit einer gewissen Theatralik zu pausieren. Dabei klopfte er nicht etwa mit dem Schnabel auf das Pult vor ihm, nein, er breitete dramatisch seine Flügel aus um sie dann schnell, fast ruckartig, wieder an sich zu ziehen.

„Und was bedeutet das für uns?" Die hochnäsige Pfuhlschnepfe konnte nicht mehr schweigen. Außerdem war ihr als Weitflieger das wichtige Getue ziemlich schnuppe. Wenn ihr das Wattenmeer verwehrt blieb, würde sie nach Neuseeland fliegen. *„Neuseeland ist dicht,"* meinte der Professor, anscheinend Gedankenleser. *„Dann eben Alaska,"* erwiderte die Pfuhlschnepfe achselzuckend und kratzte sich.

„Und wo dürfen wir hin?" Der Karmingimpel drehte sich ruckartig, nach Antwort suchend, im Kreis.

Prof. Weißstorch, der die Frage erwartet, aber keine
Antwort hatte, seufzte: *„ Gute Frage. Alle schotten
sich ab. Grenzen sind dicht. Migranten werden
abgewiesen. "*

„ Was soll der Quatsch, " ereiferte sich
flügelschlagend der winzige Robinkehlkolibri, der
ständig übergangen wurde. *„ Ich hab' das Virus
nicht. Warum sollte mich irgendjemand irgendwo
abweisen? Außerdem, "* fügte er schnell hinzu,
„finden mich alle niedlich. "

„ Jetzt halt mal still," trompetete Frau Kranich laut
aus der hintersten Reihe, dort wo sie, der größte der
Vögel, einige Sitze einnahm. *„ Du könntest
Überbringer sein!"*

„ Bin ich aber nicht. " Der Kleine flatterte aufgeregt,
hasste es von den Großen bevormundet zu werden.
Frau Kranich ignorierte das. *„ Kapierst du's nicht? "*
meinte sie lautstark. *„ Ein Migrationsstop verhindert
die Virenverbreitung. Söder behauptet das. "* Dabei
rollte sie mit den Augen, wie nur ein Kranich das
kann. *„ Außerdem, mir ist es wurscht, dass Bayern
dicht ist. Das Moseltal ist mir viel lieber. "*

„ Ist auch dicht, " meinte Prof. Storch. *„ Finnland
scheint möglich. "* Frau Kranich reagierte verdutzt.
„ Und wenn nicht, wohin dann? "
„ Weiß nicht. " Prof. Storch zuckte mit den Flügeln.
„ In Syrien und der Türkei, da schießen sie uns ab. "

„ Uns schießen alle ab, irgendwo und überall, "
meinte das wenig beeindruckte Wildgans-Ehepaar.

*„ Meine Cousine starb in einem Fangnetz auf Zypern,
meiner Tante ging es genauso in Ägypten, "* fügte die
völlig verstörte Frau Kuckuck hinzu. *„ Wohin, bitte,
leg ich meine Eier? "*

Prof. Storch hatte keine Antwort, hüpfte verlegen
von einem Bein auf das andere.

*„ Wenn wir kein Futter finden und keine Eier legen,
sterben wir aus, "* kreischte Frau Buchfink, die
bislang ruhig zugehört hatte.

„ Das interessiert doch keinen," meinte der
Mauersegler, der sich gerne als Herr Apus Apus
vorstellte, denn er wollte mit gewöhnlichen
Schwalben nicht verwechselt werden.

„ Klugscheißer? " schrie Frau Kuckuck und hüpfte
vor Ärger auf und ab.

Herr Apus Apus ignorierte ihr Gezetere. Jedenfalls
tat er so. *„Ich schweb' neun Monate überm
Regenwald und zwar ohne zu landen. Irgendwann
beruhigt sich die Lage immer, "* erwiderte er und
machte sich flügelschlagend aus dem Saal. *„Ich
schaff' das. Pech für die, die's nicht können. "*

„Arroganter Segler, " kuukuuhte Frau Kuckuck
„sorgt sich denn keiner um unsere Kinder? "

Worauf Frau Kranich lautstark protestierte, wild mit ihren mächtigen Flügeln ausschlug und dabei versehentlich die Pfuhlschnepfe streifte. Die verpasste, wiederum versehentlich, der Kohlmeise in der Reihe vor ihr, eins auf den Deckel. Die wandte sich verdutzt um und verdrängte, wiederum versehentlich, den Robinkehlkolibri von seinem Platz.

Daraufhin folgte wildes Gezeter und Gedränge. *„Ruuuuhe,"* schrie Prof. Storch. *„Ruuuuuuuhe, Ruuuuuuuuuuuuuuhe"* und klopfte wild mit dem Schnabel aufs Pult und zwar solange bis sich die Menge einigermaßen beruhigt hatte. *„Wir machen erstmal Schluss, "* verkündigte er so laut er konnte. *„Morgen geht es weiter. "*

„Hört, hört, " trompetete der Kranich und führte die kreischende Menge zum offenen Fenster, hinaus an die frische Luft. *„Wieder eine Krisensitzung ohne Ergebnis"* und drängte sich erhaben durch die offene Tür.

Abstand bewahren und Ruuuuhe, Ruuuuhe, " klapperte Prof. Storch und trippelte, sichtbar mitgenommen, im Kreis.

Fortsetzung folgt

MARS-Gedichte

Für alle Enkel*innen

SARS

Am Mars
wars aus für Lars
schade
Beate

OPA UND DER WALD

Der Opa sagt, ich brauch' nicht raten
Am Mars gibt es keinen Braten,
Nicht mal Kartoffeln oder Reis,
Keine Schoko und kein Eis.
Mars ist weit weg und viel zu kalt,
da geh' ich lieber in den Wald.
Sagt's und verschwindet mit der Säge,
marschiert vorbei am Wildgehege
klopft an die alte, kranke Kiefer,
löst Teil der Rinde mit dem Ungeziefer,
sägt Zweige ab, mehr tut er nicht,
letztendlich plagt ihn doch die Gicht.
Punkt Vier, da macht der Opa Schluss,
überquert noch schnell den schmalen Fluss
bevor er an die Buche pieselt
und sich dabei noch leicht berieselt.
Um Fünf ist Opa wieder hier
und schlürft sein Feierabendbier.

Ich habe eine Enkelin

Ich habe eine Enkelin, die beste weit und breit,
hübsch ist sie, lieb, höflich und gescheit-
selbst wenn die Mathe-Drei was andres sagt
und Mama bitter drüber klagt,

bis dann der Sven ein Machtwort spricht, ab üben,
sagt er, hopp, schnell, hundertelf mal sieben?
Isabella kontert, freut sich unverhüllt,
dass Sven ihr gern beim Lernen hilft.

Beim Geigespielen kommt sie selbst zurecht,
da übt sie pflichtgetreu, ganz ohne Wortgefecht,
selbst am Klavier, da zeigt sie einiges Talent,
auch singt sie gern, das ist doch exzellent.

Beim Lesen, Schreiben half Oma liebend gerne,
wird nicht mehr gebraucht, lernt selber in der Ferne
und hofft, dass Isabella weitermacht, so wie bisher,
das wäre super duper toll und mehr.

Vom Grau zum Jetzt
Für Marieluise

Grau
neblig
dunstig
umrahmen
dunkle Gedanken
frühe Morgenstunden
bis Amsel, Spatz und Meise
zwitschernd vors Fenster flattern,
Ostwind ignorierend. Federn spreizend
hüpfen, tanzen sie im Reigen ums Futterhaus,
picken Sonnenblumenkerne, verstreuen Schalen,
zertrampeln Schnee, zelebrieren gesättigt das Jetzt

ZUSAMMENGEWÜRFELT

Am Anfang gehören alle Gedanken der Liebe.
Später gehört dann alle Liebe den Gedanken.

__Albert Einstein__

Es ist wie es ist

Jahrzehntelang
gaben sie sich Mühe
einander gerecht zu werden
Glück zu spenden
Irgendwie

Letztendlich gaben sie auf
Einfach so
Amen

Bio Haferflocken-Seife
Für Bernd

Die letzte deiner Bio Haferflocken-Seife
ist fast aufgebraucht. Acht Jahre ist es her
dass du sie hinterlassen.
Ich werf' den Rest nicht weg. Zu leer
wäre die marmorierte Dose in der Dusche,
rechts hinten bei dem weißen Hocker,
auf dem du hilflos gesessen,
verloren im Trommeln der Tropfen

Die Hülle, die du zurückgelassen
ist längst verbrannt, verstreut im Meer.
Die Urne hab' ich beim Felsen hinterlassen,
das war nicht allzu schwer.

Was ich vermisse, auf was ich warte
ist ein Quäntchen jener Energie-
nicht die des Siegers, nein, die zarte,
wangenstreichelnde, die
ach so selten herüberkam.

Fürsorge fand ich noch
in deiner Bio Haferflocken-Seife
und das befreite mich dann doch
von alter Gram, sinnlosem Gekeife

Haferflocken-Seife 2

Die Haferflockenseife
die du hinterlassen hast
ist ziemlich aufgebraucht
mit all den bitteren Gedanken,
Verwundetem, Zerstörtem.

Der Rest
schrumpft nun dahin
mit all dem Anderen,
schäumt nicht mehr

Du wirst nur noch vermisst

Gleichberechtigung

SCHEIDUNG FÜR SIE 1968

Sie weinte, bis sie ausgetrocknet war,
strich zärtlich dem Knaben übers Haar,
was sie zurückließ, wusste, spürte sie,
tappte zurück und löschte sacht das Licht,

strich zärtlich dem Knaben übers Haar,
verriegelte Gedanken in sich selbst,
tappte zurück und löschte sacht das Licht,
schlich heimlich weg, so wie sie war,

verriegelte Gedanken in sich selbst,
verdrängte Ängste vorm Alleinsein,
schlich heimlich weg, so wie sie war,
ein Restchen Würde nahm sie mit,

verdrängte Ängste vorm Alleinsein,
was sie zurückließ, wusste, spürte sie.
Ein Restchen Würde nahm sie mit
und weinte bis sie ausgetrocknet war

SCHEIDUNG FÜR IHN NACH 1977

Nichtweinen sprengte seine Brust.
Kurz strich er dem Knaben übers Haar,
was er zurückließ, zerriss ihn.
Er konnte nichts dagegen tun.

Kurz strich er dem Knaben übers Haar,
verlor sich in kurzer Zweisamkeit
und konnte nichts dagegen tun,
verließ was nun IHR eigen war,

verlor sich in kurzer Zweisamkeit,
verstaute Zorn im Vacuum,
verließ was nun IHR eigen war,
sein Cabrio nahm er noch mit,

verstaute Zorn im Vacuum,
was er zurückließ, zerriss ihn.
Sein Cabrio nahm er noch mit.
Nichtweinen sprengte seine Brust.

GLEICHBERECHTIGUNG 2021

1.   Wir Rotarier,
traditionsreiche Männer,
sind nun zeitgemäß!
Frauen werden aufgenommen.
Ist Gesetz.

2.   Frauen verändern Gespräche
und unsre Interessen.
Wir lieben Euch
Warum geht ihr
nicht shoppen?

??????

Geburtstag und Muttertag-Blabla
Dazwischen
Nichts

Dauerregen

Wenn ein Herz bricht
Fallen Tränen
Wen wunderts,
dass es dauernd regnet

Die Seine

Es hat ihn nie erfreut,
wenn sie mal andrer Meinung war.
Frauen sollen schweigen
wenn es um Großes geht.

Wenn sie mal andrer Meinung war,
zog er die Brauen hoch
Wenn es um Großes geht
Der Mann entscheidet

Zog er die Brauen hoch,
es war ihr klar
Der Mann entscheidet
brummend, denkend, brodelnd.

Es war ihr klar
Frauen sollen schweigen.
Brummend, denkend, brodelnd
hat sie ihn nie erfreut.

Ihr wisst schon wen ich meine

Sie/Er
(ihr kennt die Typen)
Bringen alles auf den Punkt
Schnell, präzise, klar,
unmissverständlich.
Sezieren Argumente
rechtfertigen, begründen
gliedern, ordnen
verwerfen, unterwerfen
Jeden

Übrig bleibt
Selbstverliebtheit
und auch Leere

Glücksklee

Seit Wochen suchte ich vergebens
In nassen, fetten Feldern voller Unkraut
Heut sprang Trifolium Pratense mir ins Auge
(Tri ist doch falsch)

Ich bückte mich,
knipste den langen Stiel
Mit dem abgebrochnen
Fingernagel meiner linken Hand
Legte das grüne Glück vorsichtig
ins Tempo-Taschentuch
Für meinen Sohn,
den ich genau so wenig kenne
wie Ebisu, den einen Glücksgott

„Du glaubst an sowas?"
Mein Sprössling, grauhaarig
mit leicht vergilbten Raucherzähnen
hätte mich kurz ausgelacht,
vermute ich
Inzwischen ist er wieder abgetaucht
für irgendeine unbestimmte Zeit
So war das immer.
Er hat's von mir gelernt

Das grüne Glück vom Acker
liegt fein säuberlich und ordentlich
gepresst im Rilke Band am Küchentisch
Oft blättere ich darin, lese, rezitiere vor mich hin
Denke an Ebiso und na, wen schon
Frag' mich was die Beiden umtreibt

Der Geldscheißer

Plastik und den Code
ist alles was du brauchst
RATATATA, RATATATA
Schon klirrts und ratterts

Plastik und den Code
ist alles was du brauchst
RATATATA, RATATATA
Er scheißt dir was

Sehnsucht nach KuBa*

Corona gönnt uns keine Pause
Kuba-Treffen sind vorbei
Wir sitzen nun allein zuhause
Öffnen Zoom, probieren Plauderei

Verlassen steht die Bar mit Bier
Der Biowein setzt Staub an
Und niemand setzt sich ans Klavier
Und keiner wacht am Eingang

Rund und einsam lugt der Mond
Durch trübe, matte Fenster
Die Züge fahren wie gewohnt
Manch einer sieht Gespenster

Corona hin, Omikron her
Wir sind es leid zu warten
Das Heute-so und Morgen-anders ist nicht fair
Wir wollen wieder starten!

*Kulturbahnhof Hersbruck

Löwenzahn und Glücksklee

Für jeden von Euch
Hab' ich Kränze geflochten
Von leuchtgelbem Löwenzahn
Hab Glücksklee mit hinein gewunden
Sicherheitshalber

Für Yvette

Bis du kamst
Hab' ich nach Luft gejapst
Bin auf und ab getaucht, hilflos
Selbstbestimmung suchend
bis du kamst

Danach war alles einfach(er)

You

I meant
to write
this great sonnet
just for you, my love
and then appeared
this 48-year-old Mantra:
You are the best
You are the best
You are
You

Weshalb?
Für Alexander

Du wurdest nicht in Versen gebadet,
meine Häkeldecke hat dich nie gewärmt,
hast meine Lieder
und die von Heine nicht gehört.

Warst nicht dabei
beim Tränenwischen
hast Burgen ohne mich gebaut
und dann zerstört

Hast immer
von Neuem gestapelt,
hast gelacht und geweint
weitab von mir

Hast dich gebettet
In weichen Laken,
hast Türen verriegelt vor mir.
Weshalb?

Fragen zum Prosa-Gedicht

„War das ein Prosa Gedicht?" Die Blonde mit dem langen Pony über dunklen Augen sah sich nach der Lesung fragend in der Runde um, die erstmal schwieg. „Was _ist_ ein Prosa-Gedicht?"

„Es handelt sich um ein unstrukturiertes Gedicht ohne Strophen," wandte die Journalistin mit den blauen Strähnen ein.

„Ein Bild in farbigen Worten", meinte die asketisch wirkende große Dünne. „Du zeichnest mit Worten. Regst an statt vorzugeben. Ich denke an Nietzsches _Vereinsamt._ Ist allerdings kein Prosagedicht", räumte sie entschuldigend ein.

„Eine Situation wird verbildlicht," ergänzte die große Stattliche mit den schwarzen und sichtbaren Barthaaren um Kinn und Mund. „In prosaischer Lyrik, die lebt und ohne Restriktionen in einem begrenzten Raum mit begrenztem Vokabular wirkt."

„Oh je", seufzte die Blonde, augenverdrehend, hob Mutters Meissen-Milchkännchen auf, das offensichtlich auslief und in einer Pfütze von Milch stand. „Ist das nun Müll?"

„Meinst du das Prosagedicht?" fragte die mit den blauen Strähnen.

So soll es sein

Für Uwe

Tzunami trotzend
unergründlich tief
Ozean inmitten wankender Welten
Dur und Moll im Wechsel

unergründlich tief
Staccato, Legato
Dur und Moll im Wechsel
ineinanderfließend, gezeitenähnlich

Staccato, Legato
alles standhaltend
ineinanderfließend, gezeitenähnlich
sonnenlichtumflutet, sternenumrandet

alles standhaltend
Ozean inmitten wankender Welten
sonnenlichtumflutet, sternenumrandet
soll Euer Leben sein: Tzunami trotzend

FERNÖSTLICHES

Für Wolfgang Stein
Den ich kaum kannte

Des Sammlers Relikt:
Säcke von Silbermünzen
Zinnkrüge, graviert
Gelebtes in Gold Gerahmt
Verwaist Zurückgelassen

Seyn oder Nichtseyn
Das wird oft gefragt
Du warst. Das reicht doch.

Haiku for Jack Kerouac

Rollende Dünen
Rollen, rollen, rollen, rollen
Wohin?

Westwind fegt
Wolken ziehen und fliehen
Krähen warten

Meisen picken
An Knödel im Plastiknetz
Bleiben hängen

Löwenzahngold
verwelkt im Wiesengrund
Glyphosat-Dürre

Sonnenaufgang
Vögel zwitschern, piepen, flöten
Aus der Traum

Neun Tanka

Siebenhundertzwei
Seiten feinstes Papier mit Goldrand
Ledergebunden
Vergilbte, verschnörkelte,
altehrwürdige Lyrik

Wie die Nacktschnecke
am Weg schleicht die Zeit, fällt in
versteckte Ritzen
ruht still, bewegt sich träge
im beengten Raum Heute

Siebzehn Grad Celsius
August, nachmittags um fünf
Von Regen durchnässt
mit beschlagener Brille
weiß sie nicht was sie noch sucht

Stacheldrahtzäune
umranden kilometerlang
verschlammte Zelte
säumen steinige Wege
längst vergessener Leben

Starenschwarm umkreist
Kreischend gemähte Felder
Wandert gen Süden
Jedes Jahr das gleiche Ziel
Manche erreichen es.

Hund schnappt, beißt, knackt hastig,
verschluckt haarige Beute
sucht weiter im Dreck
Morgens um drei wird gekotzt
Keinen freut's

Sitzt am Bett und nervt
Kitzelt Arme, Füße, Bauch
Verabschiedet sich
Allerdings nur kurz und ist
schon wieder da, die Mücke

Eisiger Ostwind
Biegt Trauerweiden
Die krümmen, verbeugen sich
Alte und Schwache brechen
Starke werden entwurzelt

Senryu

Witwe im Sessel
Amsel vor nassem Fenster
Morgengespräche

Atelierbesuch
Niveauvolle Kunst
Gekauft. Freundin zahlt

Vodka on the rocks
Neuronen im Gefrierfach
Alles tiefgekühlt

Hersbrucker Zeitung
Kaffee mit Stadtgeschichten
Morgen genossen

Liebe vorm Frühstück,
gestern und vorgestern nicht.
Morgen vielleicht.

Er begehrte sie
morgens, mittags, abends, nachts.
Das war vorgestern.

Angestrengt lauschte
sie flachen Atemzügen
die nicht mehr kamen

Erdogan, Orban,
schlecht kaschierte Rhetorik
Homophobie. Punkt

Grün, rot, gelb, schwarz,
Braun bitte nicht, nicht noch mal.
Wer wählt wen für was?

Lauer Wind streichelt
welke Haut der Hand die
Nähe längst vergaß.

Libellen flattern
Wie ihr Herz damals
Ruhe kam später

Ich lebe manchmal
Mit der Zeit, auch dagegen
Keinen kümmert's mehr

Alles reimte sich
Seitenlang
Nur ihr Leben nicht

Haiku

Sternschnuppen fallen
Wünschen entgegen, lautlos,
vergebens, vielleicht

Heute Sonnenschein,
morgen Regen, Gewitter
übermorgen Frost

Schnecken im Hochbeet
Mit Blattsalat und Rettich
Schlechte Ernte

Discounter Vodka
im Angebot, leer im Gras,
neben dem Toten

Ameisenvölker
Am Frühstückstisch mit Kuchen
Schleppen Krümel weg

Haiku oder Senryu?

I.   Dreizeiler bei Nacht
Fünf und sieben und fünf und
Geträumtes Leben

II.   Dreizeiler morgens
Fünf und sieben und fünf und
Gliederschmerz mit Tee

III.   Dreizeiler mittags
Fünf und sieben und fünf und
Gemüsesuppe

IV.   Dreizeiler abends
Fünf und sieben und fünf und
Allein mit Krimi

VON IRGENDWO

Irrtümer haben ihren Wert; jedoch nur hier und
da. Nicht jeder, der nach Indien fährt, entdeckt
Amerika.

Erich Kästner

WAS WENN? WAS DANN?

Was wenn
er geboren wäre
als SIE oder ES

Wären Könige dem Stern gefolgt
mit Myrrhe, Weihrauch und Gold
um vor der Krippe zu knien

Was wenn
zwölf multi-kulti Freund*innen
Tofu und Brot teilen würden

und Papst Urban, der Eifrige
für Kreuzzüge Mütter
und Töchter gewählt hätte

die in Gemeinschaftsschulen
Solidarität vorleben
für all die anderen

Was dann?

Selbsterklärend

Robert, Architekt im Rentenalter,
denkt gern an seine schwarze Nanny,
die Böden, Schuhe, seine Nase putzte,
Grießbrei kochte, Tränen wischte.
„Bei uns ging's allen Negern gut."
Er meint das ernst.

Zwei Kilometer Mainstreet gehören ihm,
die Schwarzen und die Braunen buckeln
nach wie vor, reparieren, transportieren,
entsorgen was vonnöten ist,
erhalten ausgediente Sofas, Stühle,
Versicherungen nicht.

Robert studierte Kunst und Sprache,
dann Architektur in Harvard,
wählt Republikaner
wie all die Seinen.
Seit Generationen ist das so.

Über Donalds dumme Sprüche lacht er,
die Peinlichkeit entgeht ihm nicht.
     Der Steuern wegen
     wählt er Trump,
     versteht sich

Begegnung

Sie begegneten sich,
zufallsgesteuert,
auf steinigen Halden,
engen, teils schlüpfrigen Pfaden,
stolperten, fielen, richteten sich auf,
tupften Eiter aus Wunden,
die nie heilten

Trennten sich,
zufallsgesteuert,
nach Durststrecken
inmitten überfluteter Auen,
trafen sich auf eisigen Gipfeln,
pflegten Erinnerungen
und Narben

Lebten danach
zufallsgesteuert,
voneinander getrennt
am Rande von Diesseits und Jenseits.
Halfen sich,
indem sie sich mieden.

Corona-Zeit

Eingezäunt
am Spielplatz
wartet eine Bank
daneben glänzt die Rutsche
in der Sonne
hofft
auf Kreischen, Juchzen
und *Maaamaaa,*
der Maxl schubst

Die Schaukel schwingt
im Abendwind
allein.

Corona Weihnacht 2020

Lautlos flackern am Fenster Kerzen,
erleuchten im Dunkel bangende Herzen.
Corona Monster schleichen, gebt Acht,
um ängstliche Menschen in dieser Nacht.

Vorsichtig blinkt, ihr merkst es kaum,
Hoffnung überm Tannenbaum.
Augen funkeln, Kinder drängeln und keifen,
warten auf Päckchen mit Bändern und Schleifen

Kaum wird es dunkel, da kommt er ins Haus
der dicke, bärt'ge Nikolaus,
verteilt Puppen, I-phones, Eisenbahnen,
treibt g'schwindt noch mit Reisig und Fahnen

die letzten Monster hinaus.
 Ängste weichen vorm Festtagsschmaus,
 gefeiert wird! Vorbei ist's mit der Pandemie-
                    Oh, du göttliche Magie.

Der Freigeist

Er schlief nie in ihren Armen ein
Auch diesmal nicht
Schlüpfte leise
Mit dem Morgenwind hinaus
Ließ sie zurück
Fast unversehrt
Wie immer

Novembernebel

Dicht umhüllt vom weißen Dunst
Strecken Kiefernspitzen sich dem All entgegen
Spatzen, Meisen, Amseln suchen,
Finden Schutz in dicken Nadelarmen
Kein Lichtlein blinkt
Kein Laut durchdringt
Des weichen Mantels sanften Flaum

Wunschdenken 1+2

1)
Eigentlich wollte sie nichts
Letztendlich bekam sie was sie wollte

2)
Eigentlich verlangte sie nichts
Letztendlich bekam sie genau das

Am Fenster

In der Dämmerung
findet sie manch Verlorenes.
Straßenlaternen erwachen,
Schatten versinken
mit Ungesagtem
in der nahenden Nacht.

Erste Sterne blinken
durch seidenen Abenddunst,
reihen und formen sich,
verschwinden lautlos
hinter Wolkenschwaden
wie mancher Freund.

Niemand winkt.

WAS WENN

Wenn Lyrik
die hungrigen Mäuler
sehnsüchtiger Gesichter,
die verkümmerten Körper
auf steinernem Boden
nicht füttern kann
und durstige Seelen nicht erreicht,
vergiss es!
meinte der Dieb im lila Umhang,
klaute Stift und Papier
und verschwand

Artgenossen

Kurt bemüht sich!
Ist auf der Suche nach der Wunderpille,
Bauchspeckverbrennern, Bewegungsersatz,
auf Kassenkosten selbstverständlich.
Diskutiert und lamentiert mit Gleichgesinnten
über Pflegestufe 1 bis 5 und Zusatzkosten.

Die Inflation bedrückt ihn,
Bier und Wein wird ständig teurer,
genau wie Radio- und Fernsehkosten.
Schmerzlich ist der Führerscheinentzug,
die Hüftprothese
das neue Kniegelenk hält nicht
was der Chirurg versprach.

Rx-Wunderwaffen schätzt er:
Druckgasinhalatoren, Betablocker,
Steroide, Xanthinoxidasehemmer.
Trotzdem plagt ihn die Gicht
nach Sauerbraten, Schnitzel, Presssack
Pinkelpausen werden kürzer,
Depressionen nehmen zu.

Er möchte selbstbestimmend sterben,
nicht morgen, sondern irgendwann,
am besten kostenfrei und ohne Schmerz.
Die Schweiz ist im zu fern
und auch zu teuer,
so sucht er mit achtundachtzig
nach Alternativen, hofft.

Die Alte mit dem grauen Pferdeschwanz
lebt gegenüber, nervt.
Schreibt Horoskope für die Rundschau,
lebt Büstenhalter-frei in Schlabberhosen,
übt Hatha-Yoga am Balkon,
zieht Cannabis im Hochbeet,
spricht mit Moritz, ihrem Kater
und lästert lautstark über Artgenossen,
die Pharmaindustrie und Altersheime.
Lebt vegetarisch selbstverständlich,
hat Rat für alles,
auch für Kurt.

An Himmelfahrt traf sie der Schlag, ganz arg.
Wortlos stieg sie ins Grab mit zweiundsechzig,
-    Kurt, der alte Streiter
-    lebt mühsam weiter.

Der Nächste, bitte (-Ein Drama)

Mr. Präsident (ungeduldig): „Ich bin nicht gewohnt zu warten. Was soll der Mist?"

Erzengel Zadkiel: „Um in die ewigen Räumlichkeiten einzutreten, muss positive Energie mobilisiert werden. Wo ist die?"

Mr. Präsident (wendet sich genervt an seinen Generaladjutanten): „Geben Sie ihm was er will."

Generaladjutant: „Yessir."

Mr. Präsident (zornig, zu seinem Generaladjutanten: „Geben Sie ihm die verd…Brieftasche. Die ist voll mit Positivem."
Der Generaladjutant reicht Erzengel Zadkiel die schwarze Brieftasche. Der wehrt ab, lächelt.

Mr. Präsident (aufbrausend): Wenn's nicht reicht, verdoppeln wir."

Erzengel Zadkiel: „Das ist nicht was hier vonnöten ist."

Mr. Präsident (verständnislos): „Da ist eine Menge Positives drin."

Erzengel Zadkiel: „Tut mir leid, Mr. Präsident. Hier läuft vieles anders als Sie es gewohnt sind."

Mr. Präsident (aufbrausend): „Hören Sie mit dem Gequassel auf. Entweder Sie nehmen die Kohle oder nicht. Ich geh' da jetzt rein und Sie werden mich nicht hindern. Niemand hindert mich." Der Generaladjutant nickt.

Erzengel Zadkiel (lächelt). „Ich wiederhole. Der Schlüssel zum Tor ist positive Energie. Nichts sonst."

Mr. Präsident (nimmt eine aggressive Haltung ein):
„Entweder Sie öffnen freiwillig oder…" Er macht
eine bedrohliche Miene und geht auf Zadkiel zu. Der
tritt zur Seite: „Ich kann das Tor für Sie nicht
öffnen."
Mr Präsident sieht den Erzengel verständnislos an,
geht zum Tor, rüttelt erfolglos. Empört wendet er
sich an seinen Generaladjutanten: „Aufbrechen.
Jetzt."
Der Generaladjutant versucht Schloss und Tor
aufzubrechen. Es gelingt ihm nicht.
Mr. Präsident (in lautem, ätzendem Ton).
„Schießen Sie das verd… Schloss auf. Sofort."
Der Generaladjutant schießt mehrere Male. Nichts
passiert.
Erzengel Zadkiel fächert mit seinen Flügeln die
Luft. „Hitler und Stalin haben's auch nicht
geschafft."
Mr Präsident voller Zorn. „Blödsinn. Unsere Armee
hat schon andere Hindernisse beseitigt." Zum
Generaladjutanten: „Mobilisieren. Jetzt."
Die Armee kommt, mit Panzer, Granaten,
Atomwaffen. Die Tür hält stand. Mr. Präsident ist
fassungslos.
Erzengel Zadkiel fächert die Atomwolke mit seinen
Flügeln weg. „Sie sollten jetzt gehen, Mr. Präsident.
Erzengel Luzifer erwartet Sie mit Freuden."

Lächelte, trat vor das Tor, das sich selbsttätig öffnete
und glitt hindurch.

Bahnhof Hersbruck, rechts

Richtung Nürnberg, Abfahrt auf Gleis zwei!
Der Junge rennt, die Greisin
umklammert das Geländer
und zieht sich keuchend hoch.
Mühsam schafft sie's
Zu Gleis zwei

Caroline Trautner (CSU)
lässt Bürger nicht allein,
hilft Frauen, Kindern, auch den Alten.
Zug fährt sie nur selten
und sicher nicht ab Hersbruck rechts,
Gleis zwei.

Finanzminister Olaf Scholz (SPD)
verteilt mit großer Geste
was übrig ist im deutschen Säckel.
Nichts bleibt für einen Fahrstuhl
Zu Gleis zwei.

Für Martin, Rollstuhlfahrer aus der Loh'
sind Treppen Barrikaden,
Ziel Nürnberg unerreichbar.
Der Regional Express fährt auch diesmal
Ohne ihn, ab Gleis zwei.

Martin beklagte sich zum wiederholten Male
beim Stadtrat und der Deutschen Bahn.
Der Kämmerer entschuldigt sich,
lässt vorsichtshalber Treppen schrubben,
die zu Gleis zwei.

Da wo Du bist

Du schenkst längst keine Blumen mehr
Da wo du bist gibt's nichts zu kaufen
Sternschnuppen sausen
übers Firmament
Für wen?

Da wo du bist gibt's nichts zu kaufen
Venus zwinkert, Mars hält sich bedeckt
Der große Bär erzählt Geschichten
Pluto rezitiert Gedichte
Wie ich für dich

Ein Stern umkreist das Schwarze Loch
Hält sich gezielt aus allem raus
Verrät auch nicht was du so treibst
Wo du bist verglühen Sterne
Wie einst wir

Prosa trifft Poesie

Bis dato, genauer gesagt *Usque ad id tempus*
(lateinische Sprüche kommen immer gut an), hatte
sie noch nie irgendwelche Fremde spontan und
unaufgefordert angerufen, doch das
Zeitungsinterview mit der Poetin schrie danach,
vielleicht gerade deshalb, weil diese als deutsch-
stämmige Jüdin ironische Friedensgedichte schrieb,
englisch natürlich, lebte sie doch in einer Uni-stadt,
deren lilienweiße 80000 Bewohner (inzwischen weit
mehr) liberal waren. Farbige gab es kaum. Das hat
sich nicht geändert.
Mexikaner sieht man hie und da als illegale
Arbeitskräfte. Die braucht man zum Teeren oder zum
Putzen, sofern man in einer Riesenvilla residiert.
(Wer putzt schon gerne außer *denen*.)
In der High-School, Studentenanzahl knapp 2000,
gibt's eine Handvoll Schwarze, reiche,
selbstverständlich. Mexikaner gehen früher ab,
müssen Geldverdienen, schwarz natürlich.
Abgeschoben wird nur selten, das würde Arbeitgeber
schmerzen.

Sie wählte. Nach kurzem Klingeln die sonore
Stimme. „Florence Becker Lennon". Sie, höflich, in
Erklärungsnot, sprach Komplimente aus, die
berühren sollten.
„Sie sind?"

„Deutsche" sagte sie, die Scham schwang durch und
„ich schreibe auch Gedichte", als wäre das was
Milderndes.
Es folgte Stille. Kein Ahaa, nur Stille., Der Atem
flog ins Ohr, was stark beunruhigt, wenn man jung
ist.

Dann diese Stimme zwischen d- und g-Moll. „Seit
Hitler hatte ich keine deutschen Freunde."

Sie, der englischen Sprache noch nicht mächtig,
holte Atem, tief aus dem Innersten. „Sie waren….
mit Hitler befreundet?"

Dem Gewittersturm von Lachen, donnernd, mächtig,
folgte ein knappes „kommen Sie zu meinem
Workshop, Mittwoch und bringen Sie Gedichte.
Meinetwegen deutsche. Poeten verstehen."
So war und so ist es.

Sie hatte einen strammen Mann

Hommage an Bertold Brecht

Sie hatte einen strammen Mann,
den besten auf der Welt,
bis dann die flotte Blonde kam,
besetzte Penis, Zeit und Geld.

Die Ehefrau hat's nicht geschnallt
und lange dumm geschaut.
Er sagte, du versteh das nicht, du bist zu kalt.
An diesem Spruch, da hat sie rumgekaut,
war lange sehr verdutzt,
ging Kaffeeklatschen, teuer shoppen,
die Hochfrisur hat nichts genutzt.

Ihm ging es anfangs nur ums Poppen
bis ihm das Drumherum zu lästig war,
das Kuscheln in der Jazz Bar,
die *Küsschen, Schätzchen, Herzchen,*
der süßliche Geruch der Kerzchen.

Verdruss kam bald, langweilig wurd es wieder
und heim er kam, ganz brav und bieder.

Das Schloss war ausgetauscht,
der Koffer vor der Tür
mit einem Brieflein das da sagte:
so wie du mir,
so ich auch Dir.

Morgenstund' hat Wort im Mund

Herausgepurzelt
ist ein Haiku, Tanka oder ein Sonnet
durchdacht, hingeschachtelt
halb gemacht
fast geschafft
dann weggelegt
Schubladen quellen über

Ich mag nicht mehr
auf Anerkennung warten
vom lesemüden Redakteur
des Literatenzirkels IRGENDWER
dem höflich, gnäd'gen
„Dankeschön, ist nicht für uns
ein andermal vielleicht."

Fuck you!
Get me another coffee
Bleistift und Papier
(ODER BESSER MEINEN LAPTOP)

SINNSUCHE

Fange an, diesen Moment zu leben und du wirst
sehen - je mehr du lebst, desto weniger Probleme
wird es geben.

Osho

YOLO oder CARPE DIEM

Frage nicht, (denn eine Antwort ist unmöglich,
meist leidlich oder schädlich)
wie lang dein Sein es weiter schafft.

Gib's zu, dein Leben ist leicht luderhaft,
was du so isst und trinkst, du weißt es längst
erledigt selbst den stärksten Hengst-
und doch, ich kann's dir nicht verübeln,
brauchst auch nicht lange nachzugrübeln,
du hast nur diesen einen Tag.

Somit, hör nicht auf meinen Rat,
vergiss die leid'ge Abstinenz,
verschreibe dich mit aller Konsequenz
jawohl, mit ungebremster Vehemenz
zu dem das du allein in Händen hast
und nicht verschleudern darfst:

den deinen, einzigen Moment
und der sei dir gegönnt.

Sinnsuche

Für HJ

Denn,
              so sprach die verknitterte Alte,
den Sinn zu hinterfragen ist sinnlos.
Solange die Furcht vor Gebrechlichkeit
im Nacken sitzt
ist Endlichkeit
unendlich.

Keiner geht so nackt wie er kam.
Jeder hinterlässt Spuren,
ein Quäntchen Energie,
negativ, positiv, selten im Gleichgewicht.
              meinte die Alte, glättete ihren Faltenrock
              und strich dem Suchenden
              über die schmerzende Brust.

Sein oder Nichtsein,
Macht oder Ohnmacht,
Reichtum, Armut,
blau, weiß, rot, grün, gelb,
selbst braun vergeht.
Was bleibt ist Energie
und vielleicht ein Gedicht.
Reicht doch.

Gedanken zu Göttlichem

Der eine Einzige?

Gott, Allah, Jahwe, Bondye, Adonai
Nomen est omen!
Verehrt, glorifiziert, beweihräuchert
Auserwählt von Blitzgescheiten

Des Bettlers Cinquain

Hilf mir
Jammerte der Bettler
Mein Magen, Herz, mein Gehirn
hungert, dürstet, verlangt
alles Mögliche

ich geb' ihm
einen Euro,
ein Pepsi, ein Burger
eine abgenutzte, zerrissene Bibel.

Nein Danke,
sagt er und grinst
Gott hat mich hierhergebracht
ohne Geld, ohne Schuhe.
Hemingway und Whisky reichen mir.
Prost.

Ein Lebensabend

In der dunstigen Abenddämmerung
Versank er tief im Schlamm
Vermoderter Vorwürfe
Klammerte sich an
Verwunschene
Strohhalme
Erkrankte
Alterte
Allein
Starb

Der Blick

Steif, fast starr
Sitzt er im Lehnstuhl
vor dem Fenster mit dem Traumblick
auf grüne Hügel, Rapsfelder
und Vergangenes

Endlichkeit im Sinn
Wieder mal

Die Dichterin

In ihrer kleinen Wohnung,
Überbleibsel aus der für Frauen ungerechten Zeit,
dichtet, reimt und träumt sie
von ihren Männern, den Gewesenen
und denen, die noch kommen könnten.

Erinnert sich in Zeilen und Gedichten
an den Geliebten, dem sie lauschen durfte
in Palermo oder irgendeinem Opernhaus,
bevor er sie verließ der Töchter wegen -
(oder gab es einen andren Grund?)

Versteckt in ihrem Portemonnaie
vergilbte das geschätzte Bild
von ihrem Rauhaardackel Max.
(Blieb der bei ihrem Ex während
all der Reisen mit dem wuchtigen Tenor?
Oder ruhte Max auf Seidenkissen
in einer Suite in Singapur
und harrte geduldig all der Dinge,
die da kommen könnten
- so wie sie?)

Sie harrt in ihrer Wohnung
mit Balkon nach Süden,
gedenkt feudaler Häuser,
die sie mitbewohnen durfte, damals.

Schreibt innige Gedichte
dem neuen Liebsten,

der irgendwo im Cyberspace
sie irgendwie
noch zum Erröten bringt.

Obwohl schon über 70,
Botox gestrafft,
doch welk an Stellen,
die gut verborgen sind,
lebt sie mit Selbstgereimtem
und hofft auf Nächte,
die irgendeiner füllen wird.

Satzschmied

Ich finde weder den Ton
noch die Worte
für dieses Gedicht.

Wie erkläre ich,
dass Gespenster von gestern
metamorphosiert, koloriert,
aus verbogenen Schubläden steigen
sich gegen Mauern stemmen
und Fremden Einblick gewähren
in die kunterbunte,
wechselnd irisierende
und schallisolierte Stube
von gestern.

Wie entsorg' ich Wortmüll
ohne die ordentlichen Gärten
und sauber gekehrten Gehsteige
meiner Nächsten
zu beschmutzen?

Wie mische ich
grelles dunkles und helles,
wie poliere ich scharfkantiges
von gestern?

Es gelingt mir nicht!
So sag' ich's ehrlich und unpoetisch:
Auch dieses Gedicht muss nicht sein,

Der alte Mann und Zeit

In seiner Zelle,
im Gefängnis Altenheim,
saß er am kleinen Tisch mit der Pistole,
die rechts vor ihm, fein säuberlich
geladen, frisch geputzt, matt glänzend
vor ihm lag.

Er kramte in der abgenutzten Kiste
nach Bildern längst Verstorbener
-viele Gesichter erkannte er nicht mehr-
fand Helgas Briefe, den Ehering,
drei alte Münzen,
las nochmal sein Testament.

Der Tag zog sich, wie alle vorigen,
mühsam, zäh und trübe in die Länge,
keiner kam und teilte Kuchen
oder Körperwärme.
Die Kinder lebten weit verstreut
im Irgendwo.

Niemand brachte,
teilte oder nahm sich Zeit.
Er saß am kleinen Tisch,
strich der Pistole noch einmal kosend übern Lauf -
Der Knall verhalte
mit der Zeit.

Der CO2-Fußabdruck der alten Dame

Fliegen hat sie längst eingestellt,
kauft meist nur regional,
trinkt Bio-Milchkaffee
konsumiert auch selten Fleisch.
Tatsächlich, es ist schon kurios,
ihr Fußabdruck
ist noch zu groß!

Elf Tonnen Treibhausgase
übersteigt der Grünen Maße:
Sie soll am Heizen sparen,
mit Hund zur Wiese laufen,
die Heizung runter drehen,
im Dunkeln
ohne Laptop munkeln.

Kann sie den Fußabdruck
von Elon Musk,
der ruhelosen Baerbock
ein bisserl reduzieren?
Fällt ihr Verzicht
auch wirklich ins Gewicht?
    Sie glaubt es nicht

und hat sich informiert:
der Fußabdruck vom X-Inhaber,
überschattet ihren stark,

relativiert das ständige Gelaber.
Die Falcon-9-Rakete
generiert 540 Tonnen CO2
-     allein beim Start

Das ist hart,
doch nur ein Klacks
verglichen mit 5000 Tonnen
die Annalena Baerbock großzügig
mit 67 Flügen
verschleudert hat-
für unser aller Wohl
Manch einer findet das frivol.

In diesem Licht gesehen
erscheint der alten Dame Fußabdruck
recht zwergenhaft
Deshalb, da ist sie konsequent
bleibt dieser vorerst wie er ist
        So scheint es im Moment

Altwerden

Ist nichts für
nach Anerkennung lechzende
Liebesuchende
Schwächlinge

Altwerden ist
Einsamkeit und Stille ertragen
Lösen vom Sein

Der Greisin Parabel vom Sein

Anfang ist gleich Ende
die Leere wird gefüllt
von Wiederholungen
im Leben ist das so

Die Leere wird gefüllt
so manches reimt sich
im Leben ist das so
das wird so bleiben

so manches reimt sich
erst spät zeigt sich der Sinn
das wird so bleiben
und leichter wird es selten

Zu spät zeigt sich der Sinn
in Wiederholungen
und leichter wird es selten
Ende ist gleich Anfang

Vater

Sie vergötterte den mit dem abwesenden Blick
der nur einmal mit ihr tanzte

verehrte die hagere Gestalt mit der Silbermähne
und dem Ford Taunus, den sie einmal selbst fahren
durfte

hang an Worten,
die er an andere richtete

redet noch immer mit diesem Vater im Jenseits
der sie selten wahrnahm

Warten auf Herrn Luber

Sie trippelte, leicht wankend zum dicken,
lila Kissen ihrer Fensterbank,
ließ sich, mit merklich kurzem Atem,
erleichtert und plötzlich nieder.
Die rosa Häkeldecke rutschte weg.

Die Bahnhofstrasse war seltsam leer,
der ungewohnte Anblick verschärfte
die verhängten, tristen Regeln
unendlich langer Coronastunden
in diesem trüben Glasturm.

Die dicke Rita aus der Wohnung im Parterre
ging Gassi mit Dackel Fritz, wie stets um Acht.
Sie hatten oft geplauscht, vertraut gelacht,
auch mal Geschenke ausgetauscht
in bessren Zeiten, vor der Ausgangssperre.

Herr Luber kam nicht wie sonst aus seinem Haus,
er musste nicht zum Unterricht.
Ob es schon Sonntag war?
In seiner Küche brannte Licht.

Sie wartete, sie hatte Zeit,
sonst nichts.

Zeilen nach einem langen Jammerabend

1.   Seufzen, Jammern, Klagen
stärkt Hirn und Herz nicht

Was nicht fordert
(und a bisserl wehtut), bringts nix

Oder

2.   Sterne sind so hell
wie du sie siehst

Wer sie siehst
sitzt meist im Dunkeln

Pegnitzgrund 2020

Auf grünem Teppich
leuchten gelbe Inseln
und Mäuse huschen emsig
durch glitzernde Halme,
streifen Gänseblümchen

Enten quaken
Krähen kreischen
Schwalben ziehen Kreise
und Wühlmaushügel türmen sich

Wenn, Vielleicht

Für HJ und immer wieder dieser Heidegger

Sein oder Nichtsein ist die Frage,
Hat dieses Wesen Ich
die Berechtigung zum Sein?
Ist das die Frage?
Wenn nicht, was dann?

Wie viele Wesen
in meinem Innern schlummern
weiß ich bis heute nicht,
will es nicht wissen.

Die ich kenne reichen mir.
Mehr könnte ich nicht ertragen.

Strategie einer Erfolgreichen

„Zielstrebigkeit ist das Wichtigste," meinte die Geehrte im Kreise der Wenigen. „Mit Zielstrebigkeit, einer gewissen bornierten Engstirnigkeit, einem zielgerichteten Fokus geht man gegen Unannehmlichkeiten an, drängt Schmerzen in den Hintergrund. Verzichtet auf vieles.
Reine Kopfsache."

„In Verhandlungen erfährt man, was man nie erfahren wollte, lernt was man nie lernen wollte, versteht zu tun was man nie tun wollte. Disziplin ist angesagt.
Reine Kopfsache."

„Und so setzt man einen Schritt vor den anderen, bedachtsam, in wechselndem Tempo. Anpassen muss gelernt sein. Vorausschauen ist wichtig, sonst kommt man vom Weg ab.
Reine Kopfsache."

„Erfolg", sagte die Zielstrebige, „ist programmierbar" und nahm die Plakette entgegen und hielt sie hoch.
„Reine Kopfsache."

Die von Nebenan

Hitze mag sie nicht,
Nieselregen toleriert sie,
Glatteis fürchtet sie.

Einst war sie hübsch,
so war die allgemeine Meinung.
Sexy wollt' sie sein, wie Monroe,
und hat so manches Mal getäuscht.
Gemerkt hat den Betrug kaum einer.

Mitunter ist sie angenehm,
nicht selten renitent.
Kaffee mag sie braun,
nicht weiß, nicht schwarz
und ohne Zucker.

Die Pyramiden sah sie aus der Ferne,
Schlange stehen, welch ein Graus.
Der stolze Matador mit seinem Stierkampf
darf ihr gestohlen bleiben,
genau wie Rock im Park.

Von heißen Küssen hält sie wenig,
vom Leib gerissen hat sie keinem was.
Träume schätzt sie inzwischen
im Handumdrehen ein,
Menschen weniger.

In ihrer Küche wie im Leben
herrscht Chaos, hie und da.

Letztendlich räumt sie auf,
weil Viel dann doch Zuviel wird.
In der Ordnung liegt ihr Schlüssel.

Die ihr nicht guttun, meidet sie.
Ziele, die nicht erreichbar sind
verliert sie unterwegs,
ganz ohne Groll
und ohne Selbstmitleid.

Sie geht den Weg des Weges willen
und klettert auch mal über Zäune.
Richtungs- und Tempowechsel erwägt sie
wenn es zu beschwerlich wird.
Mitunter gibt sie auf.

Sonnencreme schützt sie vor Sonnenbrand,
der Regenmantel vor zu viel Nässe.
Streusalz hat sie stets im Vorrat.

Alleinsein

Vorteil

Keiner stört
Schmatzt
Furzt
Hustet
Keucht
Rotzt
Kritisiert
Befiehlt
Lamentiert
Langweilt

Nachteil

?

Heute

Heut' war putzen angesagt,
Duschen und auch Haarewaschen
Beides hab' ich noch gewagt
Konnt' mich selber überraschen
Ging ins Kino
Mit dem Nino
Danach in die Tapa-Bar

Lilo wartete, das ist wahr,
neu blondiert und ganz in Lila
auf ihren Banker aus Manila.
Der kam spät
und nahm sie ins Gebet
      wie immer man das heute nennt

Der Alten Klage

Sie sollte mit sich zufrieden sein
Weiße Haare umrahmen ihr Gesicht
Das Hirn, es funktioniert noch
Beine sacken manchmal weg

Weiße Haare umrahmen ihr Gesicht
Die Lippen schmal doch nicht verbissen
Beine sacken manchmal weg
Der flache Hintern wird noch flacher

Die Lippen schmal doch nicht verbissen
Die Haut wird merklich runzliger
Der flache Hintern wird noch flacher
Der Busen wabbelt wie ein Schlauch

Die Haut wird merklich runzliger
Das Hirn, es funktioniert noch
Der Busen wabbelt wie ein Schlauch
    Sie sollte mit sich zufrieden sein

Weihnachten 2014

Für Sven und Yvette

Am Weg zum Weihnachtsmann
Sah ich die Eule. Sie fragte
Wohin des Nachts ich eile.

Ich suche Zeit für Sven
Und Ruhe für Yvette,
Weißt Du, wo ich das alles finde?

Die Eule schloss das eine Auge
zog die rechte Braue hoch.

„Da unten im Gebüsch wacht Reh und Hirsch
Und in der Mulde, weit dahinten
Verstecken sich die Hasen.
Schick' sie dahin, die Beiden.
Im Schnee liegt noch ein Brocken Zeit
und in der Stille
Ruhe.“

Sylvester 2023

Mutter Natur wartet
Sitzt gelassen auf mächtigen Bergen im Eis
hinter geballten Wolken
Beobachtet toxische Feinstaub-Stürme
künstliches Blitzen und Donnern
farbenfroher, vergeblicher Versuche
narzistischer Seelen
-vermeintlich Gottähnlich

Ruhig, ruhig!
Mutter Natur besänftigt
verängstigte Seelen
versteckt hinter Mauern
und dichten Büschen
beschwichtigt aufwühlte Gemüter
festgeklebt auf Autobahnen

Wartet, sagt sie
und rührt mit dem Finger in Meeren
Mir kommt keiner davon
So nicht

Sei mutig

Leg' alte Bilder und Geschichten
In die Kiste unterm Dach
Versiegle sie und schließ' die Tür.
Geh mutig, leise aus dem Haus,
dreh Dich nicht um.
Vertrau Dir selbst
und Göttlichem

Steig' mutig über Balken und Gestein
in unbekannte Wälder und Gefilde,
lass Dich von Sonne, Mond
und wahren Freunden leiten.
Vertrau Dir selbst
und Göttlichem

Tret' nicht auf Schlange oder Wurm,
schlag' nicht nach Spinne oder Wespe,
umgehe deren Weg,
bleib' still.
Vertrau Dir selbst
und Göttlichem.

Hol' neue Bilder und Geschichten
Aus dem unbekannten All,
lass Dich von Zuversicht
und Liebe leiten.
Hab' keine Furcht
vor Dir und Göttlichem

Herbststimmung

Der Rabe krächzt,
ich wend' mich ab,
die Lerche wär' mir lieber.
Der Hund fängt eine Maus,
die quiekst noch vor dem Knacks.
Ich wend' mich ab,
setz' Fuß vor Fuß,
fast zielgerecht,
doch weiß ich nicht
wohin die Reise geht.
Der grüne Teppich quietscht,
die Nässe hüllt mich ein.
Die kupferrote Scheibe sinkt,
ich denk' an Dich,
an wen denn sonst?

Die Nacht, sie holt mich
auch diesmal wieder ein.

Lilli und ich

Hi Freunde
und ihr anderen
Ich bin die Hundedame   x
die von der alten Hunde-   xx
dame Gassi geführt wird   xx
Wer führt wen?   xxx
Keine Ahnung. Wir tun   xxxx
unser Bestes, klappt halt nicht immer.   xxxxxx
Das besagte Tütchen vergessen wir manch-   xxxxxx
mal. Sorry. Der nächste Regen kommt bestimmt!   xxxxx
Die Lilli ist vierzehn. Ihre Hinterläufe knicken ein xxxxxxx
bestimmte Leute und auch manche Fahrradfahrer   xxxxxx
mag sie nicht. (Wie der Herr so sei Gscherr!) xxxx
sie rennt auch   hinterher
vergisst ihr   Alter und
Glieder   schmerz
Bellt laut   jault,heult
Tut mir leid, Leute. Ich bin da machtlos. Beim Hundetraining hab' ich voll versagt.
Nehmt uns die Häufchen und den Lärm nicht übel. Unsere Zeit ist schon bald ab.

Es war doch nur ein Hund

Sag mir warum ich traurig bin
Der Tote war doch nur ein Hund!

Erklär das innerliche Beben
Was tut es kund?

Und weshalb fühl ich Leere?
Ich bring es auf den Punkt

Neben mir war niemand --
      Außer eben diesem Hund.

Himmlische Sequenz

I.

Wolkenschleier
Pinselstriche am Firmament
Du dahinter
in der Unendlichkeit
Die Amsel zwitschert vergeblich

II.

Wolkendecke
Verhängt, blockiert Aussicht
Grauer Vorbote
Trüber Tage
Die Amsel pickt Krumen

III.

Wolkenknäuel
Klekse achtlos hingeworfen
Grau-weiß Geballtes
Aufsteigend, nahend
Die Amsel pludert sich

IV.

Wolkentürme
Grau-gelbe Warnung
In Schichten gespachtelt
Energie vorm Entfesseln
Die Amsel flieht

VOM KRIEG UND ANDEREN SCHANDTATEN

Kriege entstehen aus dem Scheitern, das Menschsein der Anderen zu verstehen.

__Dalai Lama__

Kriege sind der Beweis menschlicher Dummheit.

__Fred Ammon__

Der ungerechteste Frieden ist immer noch besser als der gerechteste Krieg.

__Marcus Tullius Cicero__

Oft tut auch der Unrecht, der nichts tut. Wer das Unrecht nicht verbietet, wenn er kann, der befiehlt es.

__Marcus Aurelius__

.
i
i
in
insh
insha'
allahin
sha'allah
insha'assad
insha'syriaassad
inshah'putinobama
islamicstateputinassad
obamamerkelputinbombs
whatforwhomforwhomwhat
moredetonationdestruction
aleppohomsdoumaburn
syriansburnordrown
forinsha'assad
insha'allah
allah
ah!

Syrias Bürgerkrieg

Idlib oder Adiyaman oder Charkiw oder…

Sie saß versteinert
auf dem Trümmerhaufen
und all dem Zerstörten
das einst ihr Leben war

Saß auf zerbombter Vergangenheit
und horchte angestrengt
auf Rufe,
die nicht kamen

Lauschte und starrte
Ins Nichts

Sarin

Nachdem
winzige Tröpfchen,
geschmacklos, geruchlos
und farblos, sie übergossen hatten,
sickerte Schaum aus ihrem lila Mund
und Ebenholzpupillen schrumpften
ins Weiße zu hilflosem Nichts.
Wirksam erprobte, effektive
Mensch-erdachte
gemachte
Chemie

Butschas Pflastersteine

Wladimir Wladimirowitch Putin,
Väterchen Zar,
Ich bitte um Audienz.

Um deine Seele zu ergründen,
darf der Tisch nicht zu lang sein,
ich will hören was zu hören ist.

Verstehen möchte ich
wie du von Opfern sprichst,
den Pflastersteinen deiner Macht.

Abtauchen möchte' ich mit dir
in off'ne Kellerräume,
hervorkramen

was vermisst gemeldet,
gemeinsam heilen was zu heilen ist,
the Gentle Way.

Jarek und Sarah

Hommage an *Hermann und Dorotheas* Schöpfer

„Denn ich werd' euch nicht fügen
nach meinem Willen,
werd' euch hegen und pflegen,
versorgen aufs Beste."
So sprach Schwester Teresa
zu Jarek, dem polnischen Juden,

rückte Stühle zurecht, führte Sarah,
die für immer Verlorene zum Klavier,
strich ihre Haare zurecht, die ständig zerzausten,
legte runzlige Hände auf weiße Tasten,
damit sanfte Klänge die wartenden
Alten erreichten.

Gestützt auf Krücken lauschte Jarek,
der Gebeugte, der selten sein Zimmer verließ,
der Mahlzeiten versäumte, weil er lieber Homer,
die Torah wie auch die Bibel las -
in diesem Heim der längst Vergessenen,
das Welten besser war als Treblinka.

Jarek, der vormals Starke,
der damals Skelette schleppte
und trockenen Auges ordentlich
Gebeine auf Scheiterhaufen schlichtete,
ganz nach Befehl,

Er, der fortan Verbranntes mied,
den keiner besuchte,

weil keiner der Seinen übrig war,
Jarek lauschte Sarahs Klängen
die anfangs holprig, dann flüssig
aus knöchrigen Fingern strömten,

sich formten zu silbrigen Weisen,
dem einen Wiegenlied,
dass sie wie damals summte
für Aaron, den Kleinen
bevor er seine müden Augen schloss

Jarek, der Tränenlose,
humpelte zu Sarah,
strich über ihre wirre Mähne
bevor er ging.
Mehr war nicht möglich.
Nicht mehr.

Der Preis*

Keiner,
klagte des Helden Mutter,
hat je einen Krieg gewonnen

verstaute die Medaille,
ihre Trauer
und den Totenschein.

*Veröffentlicht in *Chuzpe gegen das Vergessen und für die Zukunft*. Pfeiffer Verlag 2022

Käthes Proteste

Käthe protestiert in Versen
Dumm hingegen ist,
Käthe wird fast nie gelesen

Zum Damals 1938-45

Wir wollten helfen
Uns ging es selbst sehr schlecht
Wir konnten, durften nichts tun
Ein Brötchen gab ich dem Sträfling
Auf offener Straße
Mehr ging nicht.
Okay?

80 Jahre später

Lasst uns die Zeit vergessen,
meinte der gebückte alte Mann
mit dem akkuraten Scheitel
über der rechten Augenbraue
Verbrannte vergilbte Fotos
Briefe verstummter Zeugen
vernichtete
nochmal

Zu viel ist zu viel oder Genozid der humanen Art

Von hysterischem Gesumme irritiert
kippte ich das Fenster
um elf Fliegen und eine Wespe
in die sommerliche Hitze
hinauszubefördern.
Das war doch lobenswert!

Ein Mücklein knallte,
von Angst besessen,
gegen die verschissne Scheibe
bevor es lautlos
(wie das so ist bei Toten)
auf den Boden fiel.
Selbstverschulden, ganz klar!

Dann habe ich ein Spinnennetz mit Spinne
weggesaugt,
zwei aufgeregte Schnaken gekillt
ein Ameisenvolk in die Spüle gewischt,
heruntergespült,
mehrmals.
Wären die Störenfriede doch weggeblieben!

Einige schafften es zurück zu Krümeln
neben Mutters Retro Brotkorb,
schleppten Brösel mühselig in
irgendwelche Ecken meiner

durchchlorierten Küche.
Die Botschaft ans Ungeziefer war ganz klar!

Eindringlinge wurden mit Kampfstoff
erfolgreich ausgelöscht.
Vor Illegalen
muss man sich wehren!
Zu viel ist zu viel.

Marga, Adolf und der Fuchs

Marga verehrte Adolf,
weil er flammende Reden hielt.
Er schätzt Mütter
und die Arbeit der Frauen,
sagte sie
und erwähnte Dachau nicht,
Buchenwald, Flössenburg,
das schmucke Hersbruck.
Wir wussten vieles nicht,
sagte sie.

Marga schätzte Adenauer ebenso,
nicht weil er den Vater ihrer Kinder
wieder brachte-
(den hatte sie schon fast vergessen).
Der Fuchs verbindet,
sagte sie
und Dank sei ihm,
Gruyere und Brie gibt's wieder.

Um Israel kümmert Marga sich noch immer nicht.
Juden überleben doch immer,
sagt sie.

Bitte um Vergebung
Übersetzung aus dem Englischen

Trauert um die Toten
und lest diese Verse eueren Töchtern vor
und danach den Enkeln eurer Töchter
und allen die sind und noch kommen.
Denn Mütter und Töchter formen die Welt,
kennen jahrtausendalte Bürden,
Wunden, Narben, Tränen.

Trauert um die von Wahnsinn
zertretenen Leben,
gedenkt der geschändeten Mütter
der blutenden Hände vernichteter Väter,
entsinnt euch der verlorenen Kinder,
der Knochen- und Aschenberge.

Kornblumen erinnern
an Rändern vergessener Gräber
Lasst Tränen fließen
dort wo Gras wuchert
und einsame Rosen ersticken

Was war, war
Lest diese Verse mit eueren Töchtern
deren Enkeln
und allen die sind und noch kommen
lasst uns Wunden heilen
mit Worten und Taten
Lasst uns gedenken, trauern
und Liebe säen

Lasset die Kindlein zu mir kommen

Der Schrei
ging langsam
in ein Wimmern über
Der Samenguss
vermischte sich
mit Blut

Der Knabe, kaum vier Jahre alt
zerrissen im After
und anderswo
starrte in
braun
Erbrochenes

Der Peiniger
Mann Gottes
ließ von ihm ab
Kniete nieder
Betete

Mahnmal der anderen Art 2020

Stacheldrahtzäune
umranden kilometerlang
verschlammte Zelte
säumen steinige Wege
längst vergessener Leben

Gefangen

Der letzte Lichtstrahl stahl sich davon
die Nacht war voller Kümmernis
Allein saß er am Gitterfenster
er fühlte nur noch Kälte

Die Nacht war voller Kümmernis
das Atmen fiel ihm schwer
er fühlte nur noch Kälte
ihm fehlte Körperwärme

Das Atmen fiel ihm schwer
Einsamkeit erdrückte seine Brust
ihm fehlte Körperwärme
er sehnte sich nach warmen Händen

Einsamkeit erdrückte seine Brust
allein saß er am Gitterfenster
und sehnte sich nach warmen Händen
Der letzte Lichtstrahl stahl sich davon

Migranten

(Gereimtes und Ungereimtes)

Aus der Kälte kommen wir her
Und wollen euch sagen, wir frieren sehr
Auf all den Straßen, wo immer wir liefen
Gab es Menschen, die nach uns riefen
Selten waren es Sprüche der Liebe
Viele nannten uns Diebe
Kaum einer öffnete Tür oder Pforte
Kaum einer gab Brot, gute Worte

Jetzt sind wir hier und hoffen
Sind offen
Geben zurück, sofern ihr uns lasst

Wollen Mensch sein, hier
Wollen Mensch sein wie ihr.
Oder sind wir nur Last?

Aus der Kälte kommen wir her
Glaubt uns, wir frieren sehr.

Albtraum des Asylbewerbers

Nächtlich
verdrängt er
aus seinem Kopf
die ertrinkende,
nach Luft japsende Greisin

Verdrängt
das Weinen, Heulen, Kreischen
kollidierter Körper,
die rutschten, sanken,
schreiend ertranken
in salzigen Tränen.

Und er?
Er griff nach dem schwimmenden Brett,
krallte sich fest,
drängte die Alte
in rollende Wellen
verzweifelter Leiber.

So wie Damals

Mit vorgehaltener Hand
meckern die Alten am Stammtisch:
Es ist genug! Nach fünfundsiebzig Jahren
muss endlich Ruh' sein.

Wir waren nicht die Einzigen!
Keiner wollte die Juden, Zigeuner,
die Irren und Schwulen. Keiner.
Auch Stalin nicht.

Wir können nicht alle versorgen!
Diese Macho-Männer, Messerstecher
schubsen Kinder auf den Bahnsteig.
Wir sind christlich-sozial. Die passen nicht.

Denkt an eure Töchter, Enkel.
Der Schulweg führt am Heim vorbei.
Da warten sie in Gruppen, rauchen,
wer zahlt das eigentlich?

Halt's Maul, schreit aufgebracht
der tätowierte Glatzkopf nebenan.
Wählt AfD! Die Leute schaffen Ordnung.
So wie damals!

Von Krieg und da war doch was

Wladimir Wladimirowitch, Hüter der russischen
Seele und Atomkraft. Kill them Nazis dead. Wo
immer sie sind. Nazis lügen, zerstören, morden. Yes!
Kill those bastards, Genosse Bruder.

Ausläufermodell Frieden versteckt sich irgendwo
ganz hinten, oder vorne rechts in irgendeiner
vergessenen, tiefgefrorenen, nicht besetzten Zone.

Fang den Frieden ein, Wladimir Wladimirowitch,
Väterchen Zar, gefangene russische Seele. Kill all
dead. Heil Hitler, Heil Stalin, Heil Putin.

Aniza

Ich vermisse meine Leute, mein Zuhause,
aber schickt mich nicht zurück. Ich habe keinen Pass,
keine Papiere. Vater gab sie meinem Verlobten,
dem, der mich nicht mehr nehmen würde,
aber darüber bin ich nicht traurig.

Ich weine um meine Schwester.
Sie wurde beschnitten und genäht
für ihren dicken, alten Ehemann. Er mag sie jung-
und ihr wisst, was er getan hat...
Nachts ist sie verblutet. Sie war zwölf.

Das sind heilige Bräuche, sagte Papa,
keiner mag Störenfriede.
Ich verstand und rannte weg,
gleich nach der Beerdigung.
Mutter gab mir Geld.

Ich trampte, versteckte mich
in Zügen und Booten – hab' mit allem bezahlt
das ich hatte, MIT ALLEM!
Jetzt hab' ich einiges erzählt,
mehr wollt ihr nicht wissen.

Wenn ihr mich zurückschickt, werd' ich beschnitten
oder getötet, was das gleiche ist.
Ich kann nicht nachhause.
Ich habe Gesetze gebrochen,
ich bin dreizehn
und beschämte Vater.

Veröffentlichung: Pfeiffer Verlag 2022

Layla

Layla ist ein Schattenkind,
dankbar für leise Morgenlüfte,
Wolken, die Erhitztes lindern,
Wunden schonen
vor der nächsten
Hitzewelle.

Layla ist kein Sonnenkind,
hasst pralle Sonne, heiße Haut,
den fremden Schweiß
in schwülen Stunden.
Der schwarze Schleier
schützt sie nicht

Der Hungerstreik der Ebru Timtik

gest. 20.8.2020 in Istanbul

Nach zweihundertachtundreißig Tagen
furchtlosem Kampf,
hungernd nach Gerechtigkeit,
frierend in schwindender Hoffnung,
erlosch sie.

Derweil bestaunen Touristen
die Hagia Sophia
des Erdogan Kalifats.

Erklär's mir

Rosa braucht nicht aufzustehen
im Bus wird schwarz von weiß
schon längst nicht mehr getrennt.
Jimmy darf in schicke Bars,
soweit er sie bezahlen kann.

Jessie, die Kleine mit der Schleife
im schwarzen Drahthaar,
darf in bess're Schulen gehn,
sobald sie im bess'ren Haus
mit wohlgepflegtem Garten wohnt.
Das tut sie jedoch nicht.

Ihr Vater Jimmy sitzt im Knast,
hat sich gewehrt im Straßenkampf,
brach Roberts Nasenbein.
Auch Jimmys Rippen brachen,
zwei an der Zahl.
5 Jahre gab's für Jimmy.
Der Robert wurde leicht verwarnt
auf der Terrasse im marmorweißen,
magnolienumrahmten, kolonialen Haus
der weißen, reichen Eltern.

Mutter Rosa verlässt im Dunkeln
ihre bescheidene Hütte
in der Kind Jessie schläft,
fährt mit dem Bus zur Schneiderei,
dort putzt sie täglich
Fenster, Böden und Toiletten.

Spätabends fährt sie mit dem Bus zurück,
darf sitzen wo sie kann,
kocht Essen, Tee, isst Kohl,
hilft mit bei Jessies Hausaufgaben,
die beide nicht verstehen.
Strickt Socken, Mützen,
näht Röcke, Hosen, Blusen
für kunterbunte Kunden
von nebenan.

Für Jessie bleibt ihr wenig Zeit,
die schafft es bis zur Junior High,
dann wird sie schwanger.
Den Täter kennt sie nicht,
der hat sie abgepasst
frühmorgens auf dem Schulweg
schräg hinterm Fußballplatz.
Das ist halt so.

Rosa zieht Jessies beigen Tommy auf,
am Sonntag singen, beten sie
im Tempel um die Ecke,
der Prediger gibt Trost
denn beide spenden gern,
trotz chronisch knapper Kasse.

Vater Jimmy wird entlassen,
er hat sich gut geführt,
kommt kurz vorbei,
dann ist er weg auf Arbeitssuche
für irgendeinen Job in irgendeiner Kokerei,
freiwillig taucht er in schütt're Gruben

down in Virgina bleibt ihm keine Wahl.

Der beige-blonde Tommy wächst,
gedeiht zur Freude aller Nachbarn,
besucht die Schule hinterm Park,
lernt gut, rappt mit Begeisterung,
trifft sich mit falschen Freunden
zur falschen Zeit am falschen Ort.

Des Polizisten Kugel traf ihn, er fiel,
Verwunderung groß in starren Augen,
die beigen Locken von der Pfütze rot gefärbt.
Er hatte nichts getan,
er war nur beige,
nicht weiß wie Steve, der Polizist,
der straffrei blieb.

Rosa, Jimmy, Jessie wählen Trump.

Er gibt uns Hoffnung, sagen sie.

Advent 2021*

Der Adventskranz bröselt vor sich hin
am runden Tisch im warmen Stüblein,
verliert an Duft und Frische.

Zwei Festtagskerzen erleuchten still
Bilder der Vergangenheit,
vielleicht auch die von Morgen.

Ingwertee braut um halb fünf,
Fernsehgespräche durchleuchten
Merkels sechzehn Jahre.

Ihr „Wir schaffen das",
die Rauten über bunten Blazern,
all das lässt Görings Springerstiefel
langsam leicht verblassen.

*veröffentlicht in Chuzpe Gegen das Vergessen und für die Zukunft.
Pfeiffer Verlag 2022

EPILOG

Yvette

Vor einem halben Jahrhundert
hab' ich dir meine Brust gereicht
eng aneinandergeschmiegt
haben wir einander gewärmt

abgenabelt hast du dich
irgendwie, irgendwann
bliebst in der Nähe
sicherheitshalber

bist schützend
in Reichweite
wärmst mich
noch immer
Danke!

Herbst

Hommage an Rainer Maria Rilke

Herr, es wird Zeit.
Die spröden Knochen brechen,
die Haut verschrumpelt und verlängert sich,
in Nas' und Ohren sprießen Haare,
am Kopf verschwinden sie.

Befiehl den Kindern wegzugehen
um fremde Strände zu genießen.
Dräng' sie zur Zwei- und Dreisamkeit,
ganz ohne mich.

Wer jetzt Alleinsein nicht versteht,
der wird es nimmer tun.
wird nicht Gespräche mit den Toten führen
und dankbar an Vergangenes denken,
wird nicht wachen übers Morgen
und sachte Fenster öffnen
um einer Seele Austritt zu gewähren.

Jetzt und Danach

Dieses Dasein war geprägt
Von starren Bräuchen
und Anforderungen
selbst auferlegt

Auf das Danach
Bin ich gut vorbereitet

© 2025 Eleonore Blaurock-Busch
Verlag: BoD · Books on Demand GmbH, In de Tarpen 42,
22848 Norderstedt, bod@bod.de
Druck: Libri Plureos GmbH, Friedensallee 273,
22763 Hamburg
ISBN: 978-3-7597-8613-5